Schwedischer Inselsommer

von
Hannah Widell & Amanda Schulman
Photos von Amelia Widell

Unsere Lieblingsrezepte

Bassermann Inspiration

Inhalt

Willkommen!

Herzlich willkommen zu unserem fantastischen Inselsommer auf Gotland in Schweden!

Der Sommer hat etwas Magisches und ist für uns die schönste Zeit des Jahres. Im Herbst und Winter sind unsere Familien meist in alle Himmelsrichtungen verstreut, doch im Sommer kommen wir in unsere Ferienhäuser auf Gotland und genießen es, endlich wieder beisammen zu sein.

Einen Großteil unserer Zeit verbringen wir dabei in der Küche. Wir sind echte Genießer und schätzen vor allem den sozialen Aspekt am Kochen. Essen bereichert das Leben und macht jeden Geburtstag, jedes Mittsommerfest und sogar jeden regenverhangenen Tag zu etwas Besonderem.

Als leidenschaftliche Hobbyköchinnen möchten wir Ihnen in diesem Buch Rezepte vorstellen, die wirklich jeder nachkochen kann. Überkandidelt oder gekünstelt geht es bei uns nie zu, vielmehr ganz normal – wie bei den meisten anderen auch. Wir haben einfach Spaß an den schönen Dingen des Lebens und hoffen, Sie mit dieser Lebenslust anstecken zu können.

Wir lachen viel, bis wir weinen, und weinen, bis wir wieder lachen. Und genau das spiegelt auch dieses Buch wider, denn neben unseren besten Rezepten und Tipps quillt es über vor Gefühl!

Lassen Sie sich von uns in einen magischen schwedischen Inselsommer entführen!
Oh, das wird herrlich!

Ganz liebe Grüße von den Schwestern

Der erste Tag im Sommer

Dieser Tag ist für mich der schönste des ganzen Jahres. Wir sind auf dem Weg zu unserem Sommerhaus auf Gotland und tuckern mit dem Auto gerade unseren Schotterweg entlang. Die Blumen am Graben leuchten. Die Lämmer auf der Wiese schauen uns mit großen Augen an. Wir kommen zum Haus, stapfen durchs ungemähte Gras. Schwalben in der Luft. Das Licht ist im Juni anders, es blendet. Die Luft ist klar, es ist noch zu kalt, um es Sommer zu nennen, doch das spielt keine Rolle, denn im gesamten Körper breitet sich gerade ein Glücksgefühl aus: Wir werden den ganzen Sommer hier verbringen!

Hier herrscht Geborgenheit. Das habe ich schon oft gespürt. Als Kind bestimmten manchmal unbedeutende Dinge meinen Alltag, waren wichtiger als alles andere – eine fiese Schulkameradin oder ein süßer Junge, der sich nicht für mich interessierte zum Beispiel. Niedergeschlagen packte ich dann vor den Ferien meinen Koffer und fuhr mit der Familie nach Gotland. Fernab der Großstadt, an diesem wunderschönen Ort, verflog all mein Kummer sofort. Heute ist es noch genauso, nur sind es jetzt die Erwachsenendinge, die mich beschäftigen.

Viel Hoffnung und Vorfreude erfüllen unseren ersten Abend auf dem Lande. Wie der Sommer wohl wird? Vielleicht liegt ja der beste Sommer meines Lebens vor mir. Vielleicht auch nicht – doch heute Abend ist das egal.

Ich möchte in den herrlichen Aromen des Sommers schwelgen, in den blauen Himmel schauen, etwas Eiskaltes trinken und jede Stunde genießen. Es macht gar nichts, wenn jetzt nichts Besseres mehr kommt – denn das hier ist schon das Beste.

Amanda

Erdbeeren mit Parmaschinken

Die Erdbeeren mit je einer halben Scheibe Schinken umwickeln. Auf einer hübschen Platte anrichten und mit Olivenöl beträufeln. Mit frisch gemahlenem schwarzem Pfeffer würzen.

FÜR 4–6 PERSONEN
700 g frische Erdbeeren
100 g Parmaschinken
Olivenöl
schwarzer Pfeffer

Entrecôte mit Kräuterbutter und gegrilltem Frühlingsgemüse

Sie können für die Kräuterbutter auch die Kräuter nehmen, die gerade zur Hand sind. Junges Gemüse sollte im Ganzen gegrillt werden, größeres Gemüse gegebenenfalls halbieren. Die Kartoffeln halbieren und nach Belieben 5–10 Minuten vorkochen. So garen sie auf dem Grill gleichmäßiger.

Kräuterbutter: Die Butter aus dem Kühlschrank nehmen und ein wenig weich werden lassen.

Den Knoblauch pressen, Rosmarinnadeln hacken. Beides mit einer Gabel in die weiche Butter einarbeiten. Die Butter zu einer Rolle formen, in Frischhaltefolie einwickeln und ins Gefrierfach legen, bis sie hart ist.

Die Butter auf einem Teller in Scheiben schneiden und großzügig mit rosa Pfeffer und Meersalzflocken bestreuen.

Gegrilltes Frühlingsgemüse: Gemüse und Kartoffeln mit Olivenöl bestreichen, salzen und pfeffern. Grillen, bis alles Farbe angenommen hat und sich das Gemüse beim Einstechen gar anfühlt.

Auch das Entrecôte grillen, salzen und pfeffern.

Sofort servieren, damit die Butter auf Fleisch und Gemüse schmilzt.

1 Scheibe Entrecôte à 150–200 g pro Person

KRÄUTERBUTTER
200 g Butter
3 Knoblauchzehen
1 Bund frischer Rosmarin
rosa Pfeffer
Meersalzflocken

GEGRILLTES FRÜHLINGSGEMÜSE
junge Karotten
grüner Spargel
junge Zwiebeln
Frühkartoffeln
Olivenöl
Salz und schwarzer Pfeffer

Schokoladen-Grillpäckchen

Den Rhabarber schälen und in 1 cm dicke Ringe schneiden. Pro Portion ein passendes Stück Alufolie zuschneiden und den Rhabarber darauf verteilen.

Mit Schokoladenstücken belegen, die genauso groß wie die Rhabarberstücke sind (es gibt weniger Schokoladen- als Rhabarberstücke). Die Folie zu Päckchen zusammenfalten und etwa 10 Minuten grillen.

Mit Eis servieren und mit Minzeblättern garnieren.

FÜR 6 PERSONEN
3–4 Rhabarberstangen
400 g weiße Schokolade

ZUM SERVIEREN
Vanilleeis
frische Minzezweige

Unser Mittsommerfest

Wir Schweden läuten den Sommer an Mittsommer ein, dem längsten Tag des Jahres. Schon seit Urzeiten feiern wir das Mittsommerfest, das neben Weihnachten einer unserer wichtigsten Feiertage ist. Wir tanzen um die Mittsommerstange, essen Hering und trinken Nubbe (Schnaps). Mittsommer ist für mich wie ein romantischer Traum vom Sommer. Wir feiern, dass der Sommer beginnt, und alles wird herausgeputzt. Die Blumen strahlen mehr als sonst, alles duftet stärker als sonst, und die Sonne geht niemals unter.

Natürlich laden wir jedes Jahr zum Mittsommerfest ein. Wir bereiten jede Menge köstliches Essen zu und feiern mit Kindern und Erwachsenen so lange, wie wir können.

Hannah

Matjesaufstrich

Den Matjes hacken. Die Eier schälen und klein schneiden, die Zwiebel fein hacken. Alles in einer Schüssel mit den übrigen Zutaten vermengen. Mit Pfeffer und nach Belieben mit ein wenig Salz würzen.

Ein wenig Matjesaufstrich auf ein Stück Knäckebrot geben und mit Löjrom, Dill und Schnittlauch garnieren.

125 g Matjesfilet
4 hart gekochte Eier
1 rote Zwiebel
50 g Crème fraîche
1½ EL gehackter Dill
1½ EL gehackter Schnittlauch
weißer Pfeffer, nach Belieben
ein wenig Salz

GARNITUR
Löjrom (Lachskaviar, in gut sortierten Supermärkten erhältlich)
Dillspitzen und Schnittlauchhalme

Eingelegter Lachs

Die Karotten in Stücke, die Zwiebeln in Ringe schneiden. Karotten, Zwiebeln, Wasser, Essig, Gewürze, Brühe und Dill in einem Topf 10 Minuten kochen.

Den Lachs in 4 gleich große Stücke schneiden. Mit der Hautseite nach unten in eine große Form legen und vollständig mit der heißen Lake bedecken. Mit Alufolie abdecken und den Lachs abkühlen lassen. Im Kühlschrank ein paar Stunden durchziehen lassen.

Den Lachs mit dem Gemüse aus der Lake, Zitronenspalten und etwas Dill garnieren und kalt mit Rogensauce (siehe. S. 22) servieren.

FÜR 6–8 PERSONEN
2 mittelgroße Karotten
2 Zwiebeln
2 l Wasser
75 ml Rotweinessig
3½ TL Salz
10 weiße Pfefferkörner
5 Gewürznelken
2 Lorbeerblätter
1 TL gekörnte Gemüsebrühe
ein paar Dillstängel
1,2 kg frisches Lachsfilet mit Haut

GARNITUR
Zitronenspalten
Dillspitzen

Perfekt zum Lachs schmecken frisch gekochte Frühkartoffeln mit reichlich Dill!

Knackiger Sommersalat

Für das Dressing Zitronensaft, Öl, Essig, Knoblauch und Senf verrühren und mit Kräutersalz und Pfeffer würzen. Das Dressing mindestens eine halbe Stunde ziehen lassen.

Alle Salatzutaten waschen. Den Salat in einer Salatschleuder trocknen und in mundgerechte Stücke zupfen. Die Radieschen putzen und in dünne Scheiben schneiden. Die Paprika halbieren, entkernen und in Streifen schneiden. Die Frühlingszwiebeln in dünne Ringe schneiden. Die Kaiserschoten ganz lassen.

Die Salatblätter auf einer hübschen Platte anrichten und das Gemüse darauf verteilen. Mit dem Dressing beträufeln.

1–2 Köpfe grüner Salat, z. B. Romanasalat oder Eichblattsalat
1 Bund Radieschen
1 gelbe Paprika
1 rote Paprika
1 Bund Frühlingszwiebeln
150 g frische Kaiserschoten, 2 Minuten in kochendem Wasser blanchiert

DRESSING
Saft von ½ Zitrone
4 EL Olivenöl
3 EL Balsamico
1 Knoblauchzehe, zerdrückt
1 EL Dijonsenf
Kräutersalz und Pfeffer

Käse-Tarte

Den Backofen auf 200 °C vorheizen.

Den Blätterteig auftauen lassen, die Platten aneinanderlegen und vorsichtig zu einem großen Stück ausrollen. Eine Tarteform (24–26 cm Ø) mit dem Blätterteig auskleiden. Der Teig darf ein wenig über den Rand hinausragen.

Eier und Sahne verquirlen, den Käse hinzufügen. Alles zu einer cremigen Masse verrühren, salzen und pfeffern (bedenken Sie, dass der Käse bereits salzig ist). Die Masse auf dem Blätterteig verteilen und 25–30 Minuten in der Mitte des Ofens goldbraun backen, bis die Käsefüllung gestockt ist.

ERGIBT 10–12 STÜCKE
ca. 400 g Tiefkühlblätterteigplatten

FÜLLUNG
4 Eier
400 g Sahne
300–400 g Västerbottenkäse (Internethandel, siehe S. 160) oder milder Appenzeller, gerieben
Salz und weißer Pfeffer

Eingelegter Hering à la Schulman

Die Heringsfilets abspülen. In frisches Wasser legen und – je nach Geschmack – über Nacht oder 24 Stunden wässern. Dabei das Wasser mehrmals wechseln. Alle Zutaten für die Lake in einen Topf geben, aufkochen und abkühlen lassen. Karotte und Zwiebel in Scheiben schneiden. Den Hering in Stücke schneiden und mit Karotte und Zwiebel in eine Schüssel geben. Mit der kalten Lake bedecken.

Man kann die Zutaten für die Lake auch einfach verrühren, bis der Zucker aufgelöst ist, und auf das Erhitzen verzichten. Die Lake im Kühlschrank kühlen und anschließend über den Fisch gießen.

Den Hering mindestens 24 Stunden im Kühlschrank ziehen lassen. Dort hält er sich bis zu 1 Woche.

300 g Salzheringsfilet
1 kleine Karotte
1 rote Zwiebel

LAKE
150 ml Wasser
80 g Zucker
150 ml Branntweinessig (12 % Säure)
8 Pimentkörner, zerstoßen
1 Lorbeerblatt
2 Gewürznelken
4 weiße Pfefferkörner

Basilikum-Matjes

Mayonnaise und saure Sahne in einer Schüssel verrühren. Basilikum, Käse, Knoblauch und Öl unter die Mayonnaisemischung rühren.

Den Matjes abtropfen lassen, in Stücke schneiden und untermengen. Die Schüssel abgedeckt in den Kühlschrank stellen und mindestens ein paar Stunden, besser aber 24 Stunden ziehen lassen.

120 g Mayonnaise
100 g saure Sahne
1 Bund Basilikum, gehackt
40 g Parmesan, gerieben
1 Knoblauchzehe, zerdrückt
4 EL Olivenöl
300 g Matjes

Mama Stinas Rogensauce

Zwiebel, Crème fraîche und Rogen verrühren, mit Salz und Pfeffer nach Geschmack würzen.

Die Sauce zum eingelegten Lachs (siehe S. 18) servieren.

1 rote Zwiebel, fein gehackt
300 g Crème fraîche
80 g roter Rogen
Salz und weißer Pfeffer

Käsekuchen mit Erdbeeren und weißer Schokolade

FÜR 6–8 PERSONEN
- 200 g Vollkorn-Butterkekse
- 100 g Butter
- 400 g weiße Schokolade, grob gehackt
- 250 g Doppelrahmfrischkäse
- 250 g Sahne
- 2 TL Puderzucker
- 250 g Mascarpone
- 350 g frische Erdbeeren, plus ein paar mehr zum Garnieren
- abgeriebene Schale von 1 Bio-Zitrone

Die Kekse in einer Küchenmaschine zerkleinern. Alternativ die Kekse in einen Plastikbeutel geben und zerstoßen.

Die Butter in einem Topf zerlassen und die Kekskrümel unterrühren. Die Mischung in eine Springform füllen und mit den Händen oder einem Löffelrücken andrücken. Abgedeckt in den Kühlschrank stellen und derweil die Käsefüllung zubereiten.

Die Schokolade in einer hitzebeständigen Schüssel über einem Wasserbad unter Rühren schmelzen.

Frischkäse, Sahne, Puderzucker und Mascarpone in einer großen Schüssel verrühren. Die Erdbeeren in kleine Stücke schneiden und mit der Zitronenschale unter die Käsemasse heben. Die Füllung auf dem Keksboden verteilen, dann die geschmolzene Schokolade darauf verstreichen.

Vor dem Servieren im Kühlschrank vollständig abkühlen lassen. Mit frischen, in Stücke geschnittenen Erdbeeren garnieren.

Mittsommerschnaps

ERDBEER, RHABARBER UND VANILLE

100 g frische Erdbeeren
2 Rhabarberstangen
1 Vanilleschote
1½ TL Rohrzucker
700 ml klarer Schnaps (32 % Vol.)

Erdbeeren und Rhabarber in Stücke schneiden; die Vanilleschote in schmale Streifen schneiden. Alles mit Zucker und Schnaps in eine Glasflasche füllen.

Den Schnaps mindestens 2 Tage ziehen lassen. Wer möchte, kann den Schnaps dann abseihen und in eine saubere Flasche umfüllen. Wir allerdings finden die Würzzutaten in der Flasche sehr dekorativ. Kalt servieren.

ZITRONE UND DILL

2 Bio-Zitronen
2 EL Dillsamen
700 ml klarer Schnaps (32 % Vol.)

Die Zitronen gründlich waschen und den gelben Teil der Schale mit einem scharfen Messer oder Sparschäler abschneiden. Zitronenschale und Dillsamen in eine Glasflasche füllen. Die Zitronen auspressen und den Saft in die Flasche gießen. Mit Schnaps auffüllen und mindestens 2 Tage ziehen lassen.

Den Schnaps abseihen und in eine saubere Flasche umfüllen. Für die Optik ein paar Zitronenschalenspiralen in die Flasche geben. Kalt servieren.

CHILI UND INGWER

5 rote Chilis
1 kleines Stück frische Ingwerwurzel
Saft von 1 Zitrone
2 TL Rohrzucker
700 ml klarer Schnaps (32 % Vol.)

2 der Chilis hacken. Wer es nicht ganz so scharf mag, entfernt die Kerne. In eine Glasflasche füllen und die restlichen Chilis hinzufügen – sie dienen zur Deko. Den Ingwer schälen und in Streifen schneiden. Zitronensaft, Ingwer und Zucker in die Flasche geben, dann mit Schnaps auffüllen.

2–4 Tage ziehen lassen. Falls der Schnaps zu scharf geraten ist, kann man ihn vor dem Servieren mit etwas klarem Schnaps verdünnen. Kalt servieren.

WALDERDBEEREN

140 g Walderdbeeren
2 TL Puderzucker
15 rosa Pfefferkörner
700 ml klarer Schnaps (32 % Vol.)

Walderdbeeren, Puderzucker und Pfeffer in eine Glasflasche füllen. Mit Schnaps auffüllen und mindestens 24 Stunden ziehen lassen. Kalt servieren.

ZITRONENMELISSE UND LIMETTE

3 Bio-Limetten
frische Zitronenmelisse
700 ml klarer Schnaps (32 % Vol.)
1 TL Rohrzucker

Die Limetten waschen und in Spalten oder kleine Stücke schneiden. Mit der Zitronenmelisse in eine Glasflasche geben, Schnaps und Zucker hinzufügen.

Roséwein mit kleinen Extras

Im Sommer ist Roséwein immer ein ganz besonderer Genuss, den man mit weiteren Zutaten noch zusätzlich verfeinern kann. Ideal auf einem Fest! Hier unsere Lieblingsrezepte:

PRICKELROSÉ

FÜR 10–15 GLÄSER
2 Bio-Limetten
140 ml heller Zuckerrübensirup
600 g frische oder tiefgekühlte Himbeeren
2 Flaschen trockener Roséwein à 750 ml
2 Flaschen Sekt oder Prosecco à 750 ml
Eiswürfel

Die Limetten waschen und in dünne Scheiben schneiden. Den Sirup in eine hübsche Bowleschüssel füllen. Ein wenig Roséwein hinzufügen und den Sirup darin unter Rühren auflösen. Den restlichen Wein angießen, Limettenscheiben und Himbeeren hineingeben. Ein paar Stunden im Kühlschrank ziehen lassen.

Sekt oder Prosecco und Eiswürfel hinzufügen und sofort servieren.

SAINT TROPEZ

Roséwein
Fanta
Eiswürfel

Weingläser zur Hälfte mit Wein füllen und mit Fanta und Eis auffüllen.

BERRY BREEZE

FÜR 1 GLAS
ein paar tiefgekühlte rote Beeren, z. B. Himbeeren, Erdbeeren, Johannisbeeren
4 cl Absolut Wodka Himbeer
200 ml Roséwein
100 ml Himbeerlimonade
zerstoßenes Eis

Die Beeren im Glas zerstoßen, Wodka und Wein angießen und mit Himbeerlimonade und etwas Eis auffüllen.

So feiert man ganz entspannt!

- *Sie haben die Kontrolle.*
- *Machen Sie alles genau so, wie Sie es möchten.*
- *Schreiben Sie auf, wie das ideale Mittsommer- oder Sommerfest für Sie aussehen soll. Worauf haben Sie Lust? Wen möchten Sie einladen und was möchten Sie essen?*
- *Das Unperfekte ist heute das Perfekte. Leckeres Essen und eine gute Stimmung reichen schon für ein schönes Fest aus. Pfeifen Sie auf akkurat gefaltete Servietten oder frisch gemähten Rasen! Lassen Sie den Sommer einfach, wie er ist!*
- *Bitten Sie alle Gäste, etwas zu essen mitzubringen. Sie sorgen für die Basis, die anderen für den Luxus.*
- *Es ist Ihr Fest, genießen Sie es also in vollen Zügen!*

Gemütlich frühstücken

Hannah und ich lieben es, den Tag gemeinsam angehen zu lassen. Vielleicht, weil wir so gern frühstücken, vielleicht auch, weil wir voller Tatendrang sind.

Wir haben zwei feste Frühstücksplätze. Bei schönem Wetter decken wir unter dem Apfelbaum im Garten. Wenn es regnet, sitzen wir noch etwas schlaftrunken in Hannahs Küche, doch nach dem ersten Kaffee springen unsere Motoren langsam an.

Unsere Gespräche verlaufen morgens immer auf eine besondere Art. Genauso kunterbunt durcheinandergewürfelt und ohne Anfang und Ende wie das Frühstück selbst. Erst haben wir die eine Meinung, dann die andere. Wir lesen Zeitung, fallen einander ins Wort, lackieren uns die Nägel, spielen mit den Kindern, lachen und weinen – und schmieden neue Pläne für den Tag oder fürs Leben. Wenn wir uns dann endlich vom Frühstückstisch erheben und den Tag beginnen, ist die Butter geschmolzen, der Joghurt warm und der Kaffee alle.

Amanda und Hannah

Kinderleichtes Sirup-Buttermilch-Brot

Den Backofen auf 200 °C vorheizen.

Schwedenmilch und Sirup in einer Schüssel verrühren. Die Nusskerne grob hacken, einige für die Garnitur beiseitelegen, und mit den trockenen Zutaten in einer großen Schüssel mischen. Mit der Schwedenmilch zu einem glatten Teig verrühren.

Eine ovale oder runde Backform (2 l Inhalt) mit Backpapier auslegen, den Teig einfüllen. Mit Haferflocken und beiseitegelegten gehackten Nüssen bestreuen. Etwa 40 Minuten im Ofen backen.

ERGIBT 1 BROT

- 450 ml Schwedenmilch (Bioladen oder Internethandel) oder Buttermilch
- 140 ml dunkler Zuckerrübensirup
- 30 g Haselnusskerne
- 30 g Walnusskerne
- 70 g Weizenschrot
- 70 g Roggenschrot
- 80 g kernige Haferflocken, plus ein wenig mehr zum Bestreuen
- 125 g Roggenvollkornmehl
- 180 g Dinkelmehl Type 630
- 70 g zerstoßene Leinsamen
- 1½ TL Salz
- 1½ TL Backpulver
- 1½ TL Natron

Dinkelscones

Den Backofen auf 250 °C vorheizen.

Die Butter würfeln und in eine Rührschüssel geben. Die beiden Mehlsorten, Backpulver und Salz hinzufügen und mit der Butter zu einem krümeligen Teig verreiben. Die Milch zugeben und alles rasch zu einem Teig verkneten.

Den Teig vierteln und auf ein mit Backpapier ausgelegtes Backblech geben. Mit bemehlten Händen zu vier flachen, runden Laiben formen. Die Scones oben kreuzweise einschneiden und in der Mitte des Ofens etwa 12 Minuten backen.

ERGIBT 4 SCONES

- 125 g Butter
- 360 g Dinkelmehl Type 630
- 100 g Dinkelvollkornmehl
- 4 TL Backpulver
- 1 TL Salz
- 300 ml Vollmilch

Frischkäse

Wir mögen Frischkäse am liebsten ohne Würze, doch wer will, kann zum Beispiel Schnittlauch, Meerrettich oder schwarzen Pfeffer hinzufügen.

1 l Schwedenmilch (Bioladen oder Internethandel) oder Buttermilch
300 g saure Sahne

Die Schwedenmilch unter Rühren langsam auf 50 °C erhitzen. Vom Herd nehmen und die saure Sahne einrühren.

Die Masse durch ein Mulltuch oder durch eine Filtertüte (in einem sauberen Kaffeefilter) abtropfen lassen. Alternativ einen Durchschlag mit einem dünnen Geschirrhandtuch oder ein paar Lagen Küchenpapier auslegen. Im Kühlschrank 4 Stunden abtropfen lassen.

Orangen-Ingwer-Marmelade

1 Bio-Zitrone
5-cm-Stück frische Ingwerwurzel
1 kg Orangen, möglichst bio
960 g Zucker

Die Zitrone gründlich waschen und in dünne Scheiben schneiden. Den Ingwer schälen und klein würfeln.

Die Orangen gründlich waschen und in je vier Spalten schneiden, dann jedes Viertel in dünne Scheiben schneiden. Orangen, Zitrone, Ingwer und Zucker in einen Topf schichten und über Nacht durchziehen lassen.

Langsam erhitzen und 20 Minuten köcheln, bis die Orangen zerkocht sind.

Bei leicht erhöhter Hitze weitere 40 Minuten kochen, bis die Masse etwas klebrig geworden ist. Regelmäßig umrühren, damit die Masse nicht anhaftet, und sorgfältig abschäumen.

Die Marmelade auf saubere Schraubgläser verteilen, verschließen und abkühlen lassen. Im Kühlschrank aufbewahren.

Hausgemachtes Gotland-Müsli

Den Backofen auf 200 °C vorheizen.

Nüsse, Flocken, Saaten und Salz mischen. Saft, Honig und Öl glatt rühren und über die trockenen Zutaten gießen. Gründlich vermengen, bis alles gut durchfeuchtet ist.

Die Mischung auf einem mit Backpapier ausgelegten Backblech verteilen und etwa 30 Minuten im Ofen rösten. Ab und zu umrühren, damit das Müsli nicht anbrennt.

Abkühlen lassen, dann Feigen, getrocknete Beeren, Rosinen und Kokosraspel hinzufügen. In einem dicht verschließbaren Behälter hält sich das Müsli etwa 4 Wochen.

70 g grob gehackte Nusskerne, z. B. Walnuss- oder Haselnusskerne
250 g Dinkelflocken
250 g Roggenflocken
70 g Leinsamen
70 g Sesamsaat (geschält)
1 TL Salz
200 ml Apfelsaft
140 g flüssiger Honig
45 ml Rapsöl
100 g gehackte Trockenfeigen oder andere Trockenfrüchte
60 g getrocknete Cranberrys oder Blaubeeren
90 g Rosinen
50 g Kokosraspel

Das einfachste Müsli der Welt

Hasel- und Walnusskerne grob hacken. Die Aprikosen in Stücke schneiden. Alle Zutaten in einer Schüssel vermengen und in ein hübsches Glas füllen. Den Sommer über mit saisonreifem Obst servieren und möglichst Bio-Zutaten verwenden.

70 g Haselnusskerne
70 g Walnusskerne
60 g getrocknete Aprikosen
250 g kernige Haferflocken
125 g Cornflakes
60 g Rosinen
60 g getrocknete Ananasstücke

Rosa * Wilma

Picknick am Strand

Das nehmen wir mit

Erst einmal eine wirklich gute Kühltasche besorgen.

PET-Flaschen, alte Schraubgläser und andere Behälter sind die besten Freunde von Picknickfans! Packen Sie das Essen fürs Picknick einfach in Ihre vorhandenen Behälter.

Das Wichtigste beim Picknick ist eine große Auswahl an verschiedenen Leckerbissen: Butterbrote, Obst, Kuchen und ein paar sättigende Dinge. Und natürlich viele Getränke!

Damit das Essen so frisch wie möglich schmeckt, sollte man das Dressing erst kurz vor dem Servieren zum Salat geben und Brote auch erst vor Ort schmieren. Packen Sie also alles in separate Beutel und Schraubgläser, und fügen Sie es dann frisch zusammen. So wird's richtig lecker!

Picknickdecken mitnehmen! Am besten gleich mehrere. Sie sollten pflegeleicht sein, damit man Flecken gut wieder herauswaschen kann.

Servietten nicht vergessen! Feuchte Babytücher oder Erfrischungstücher sind am Strand eine praktische Sache – und ein Müllbeutel für den Abfall darf auch nicht fehlen.

Die besten Strände in Nord-Gotland

Furillen
Smöjen
Sudersand
St Olofsholm
Ireviken

Rohkost mit Dip

Die Eier 8–10 Minuten hart kochen, mit kaltem Wasser abschrecken und abkühlen lassen.

Das Gemüse in Snackgröße schneiden und in passende Behälter für den Strand legen.

Crème fraîche und Gemüsebrühe verrühren, mit Zitronenpfeffer würzen.

1 Ei pro Person
gemischtes Gemüse, z. B. Blumenkohl, Karotten, Gurken, Radieschen

DIP
200 g Crème fraîche
1 EL Gemüsebrühegranulat
2 TL Zitronenpfeffer

Das perfekte Strandgetränk

Zitrone und Orange auspressen, den Saft in eine Flasche oder Thermoskanne geben und mit Mineralwasser auffüllen. Die Minzeblätter zerzupfen und hineingeben. Nach Belieben noch Zitronen- und Orangenspalten hinzufügen. Vor der Abfahrt im Kühlschrank durchziehen lassen.

Süßer wird das Getränk mit Limonade anstelle von Mineralwasser.

1 Zitrone
1 Orange
1½ l Mineralwasser
½ Topf frische Minze, Blätter abgezupft
evtl. ½ Bio-Zitrone
evtl. ½ Bio-Orange

Gazpacho

Paprika und Tomaten entkernen und klein schneiden. Schalotte und Knoblauch fein hacken, die Gurke schälen. Paprika, Tomaten, Schalotte, Knoblauch und Gurke mit den restlichen Zutaten pürieren. Abschmecken und in den Kühlschrank stellen.

Eine Thermoskanne mit kaltem Wasser im Kühlschrank vorkühlen. So bleibt die eingefüllte Suppe am Strand länger kalt.

FÜR 3–4 PERSONEN
1 rote Paprika
4 Tomaten
1 Schalotte
2 Knoblauchzehen
½ Salatgurke
½ Bund frisches Basilikum, Blätter abgezupft
400 ml kalte Gemüsebrühe
1 TL Salz
¼ TL Zucker
1 TL frisch gepresster Zitronensaft
frisch gemahlener schwarzer Pfeffer
Tabasco nach Gusto

Gazpacho

Mamas Grillhähnchensalat

Die Kartoffeln 20 Minuten und die Eier 8 Minuten kochen. Abgießen und abkühlen lassen. Die Kartoffeln in Stücke schneiden, die Eier schälen und halbieren.

Das Fleisch vom Grillhähnchen lösen und in mundgerechte Stücke zupfen oder schneiden. Die Erbsen laut Packungsanweisung garen. Gurke und Tomaten würfeln. Alle Zutaten in einer Schüssel vermengen.

Olivenöl, Essig, Kräutersalz und reichlich Salatkräuter hinzufügen und alles vermengen.

FÜR 4 PERSONEN
6–8 Frühkartoffeln mit Schale
4 Eier
1 gebratenes Grillhähnchen
80 g Tiefkühlerbsen
½ Salatgurke
250 g Cocktailtomaten oder Strauchtomaten
70 g Feldsalat

DRESSING
40 ml Olivenöl
1–2 EL Balsamico
hochwertiges Kräutersalz
italienische Salatkräuter

Belegte Brötchen mit Wurst und Spiegelei

Die Eier von beiden Seiten als Spiegeleier braten, die Wurst in Scheiben schneiden und in Butter knusprig braten. Die Brötchen aufschneiden und kurz auf den Schnittseiten anrösten. Mit Ei und zwei Scheiben Wurst belegen und in Butterbrotpapier einwickeln.

ERGIBT 4 STÜCK
4 Eier
8 dicke Scheiben Fleischwurst
Butter, zum Braten
4 Strandbrötchen (siehe S. 63)

Himbeermuffins

Den Backofen auf 200 °C vorheizen.

Butter und Zucker mit einem Handmixer cremig rühren. Nach und nach die Eier unterrühren, dann die Crème fraîche hinzufügen. Mehl, Backpulver und Vanillezucker mischen und unter den Teig rühren.

Eine Muffin-Form mit Papierförmchen auslegen, Teig und Himbeeren abwechselnd hineinschichten. In der Mitte des Ofens 12–15 Minuten backen und in der Form abkühlen lassen.

ERGIBT CA. 12 STÜCK
100 g weiche Butter
120 g Zucker
2 Eier
100 g Crème fraîche
180 g Weizenmehl
1½ TL Backpulver
1½ TL Vanillezucker
200 g frische oder tiefgekühlte Himbeeren

Nach der Sauna

Wir gehören zu den Glücklichen, die eine holzbefeuerte Sauna ihr Eigen nennen. Wir Nordmenschen lieben Wärme – wahrscheinlich wegen unseres eher rauen Klimas. Heutzutage aber, wo jeder drinnen schön heizt, ist eine Sauna eigentlich eher so eine Art Luxus.

Übrigens unterhält man sich in der Sauna anders als sonst. Vielleicht, weil man so schön aufgeheizt und entspannt Seite an Seite sitzt. Oder weil man sich etwas Gutes tut. Oder vielleicht, weil man miteinander in einem kleinen Raum eingesperrt ist. Manchmal sitzt man aber auch nur ganz still da, lauscht dem knisternden Feuer und spürt, wie sich die Hitze langsam im Körper ausbreitet. Insbesondere wenn man frische Birkenzweige auf die heißen Saunasteine legt und der Urduft des Sommers aufsteigt, sollte man schweigen und diesen besonderen Moment genießen.

Wenn uns zu heiß wird, gehen wir raus und duschen kalt in der Außendusche, die zwischen den Apfelbäumen verborgen ist. Wir wickeln uns in Handtücher, setzen uns auf die Saunaveranda, löschen den Durst mit einem eiskalten Bier und essen ein paar Wursthäppchen, bevor das Abendessen beginnt.

Alex Schulman

Feuriger Rindfleischtopf

Das Fleisch in mundgerechte Stücke schneiden, in einer Pfanne in Butter rundum anbräunen und in einen Schmortopf füllen. Ein wenig Wasser in die Pfanne geben, den Bratensatz lösen und mit in den Topf geben.

Die Zwiebeln hacken, den Speck würfeln. Beides in einer Pfanne anbräunen und in den Topf geben. Ein wenig Bier und Wein angießen, um das Fleisch zu bedecken. Die Chilis entkernen, hacken und mit Chipotle-Paste, Chiliflocken, Knoblauch, Tomatenmark, Oregano, Kreuzkümmel und Salz unter das Fleisch rühren.

Aufkochen, dann bei reduzierter Hitze abgedeckt mindestens 2 Stunden (besser noch länger) köcheln lassen. Mehr Bier und Wein angießen, sobald die Flüssigkeit verkocht ist. Wenn das Fleisch zu zerfallen beginnt, ist das Gericht fertig.

Mit Salsa, Guacamole und saurer Sahne servieren (siehe S. 53).

FÜR 7–8 PERSONEN
1½ kg Rinderschmorfleisch
Butter, zum Braten
3 Zwiebeln
140 g Speck
500 ml Murphy's Irish Stout oder Guinness
750 ml Rotwein
2 frische Chilis
2 EL Chipotle-Paste (oder andere Chili-Paste)
¼ TL Chiliflocken
3 Knoblauchzehen, gehackt
2 EL Tomatenmark
½ TL getrockneter Oregano
½ TL gemahlener Kreuzkümmel
Salz

ZUM SERVIEREN
Guacamole
Tomatensalsa
saure Sahne

Guacamole

Die Avocados halbieren und entkernen. Das Fruchtfleisch mit einem Löffel aus der Schale lösen und in einer Schüssel mit einer Gabel zerdrücken. Die Zwiebel fein hacken. Die Chili in Streifen schneiden.

Zwiebel, Crème fraîche, Avocado, Knoblauch und Limettensaft verrühren und mit Chili, Salz und Pfeffer abschmecken.

3 reife Avocados
½ weiße Zwiebel
1 frische rote Chili
100 g Crème fraîche
2 Knoblauchzehen, zerdrückt
½ Limette
Salz und schwarzer Pfeffer

Tomatensalsa

Tomaten und Zwiebel klein schneiden. Den Knoblauch fein hacken. Tomaten, Zwiebel, Knoblauch und Öl vermengen. Die Korianderblätter grob hacken, unter die Salsa rühren, mit Salz und Pfeffer abschmecken.

3 Tomaten
1 Zwiebel
2 Knoblauchzehen
2 EL Olivenöl
½ Bund frischer Koriander, Blätter abgezupft
½ TL Salz
¼ TL frisch gemahlener schwarzer Pfeffer

Kleine Käse- und Wurstkunde

Natürlich ist die Auswahl der Käse- und Wurstsorten reine Geschmackssache. Probieren Sie am besten verschiedene Sorten aus, bis Sie Ihre Favoriten gefunden haben.

Auf unserer Platte liegen stets:
Radieschen
Meersalzflocken
ein kräftiger und ein milder Weichkäse mit Rotschmiere, z. B. Epoisse und Taleggio
ein kräftiger Brie, z. B. Brie de Meaux
Feigenkonfitüre
Trüffelsalami
Fenchelsalami

Auch zu empfehlen:
Camembert, als Alternative zum Brie
Speck
Salami

Vergessen Sie nicht, den Käse mindestens 1 Stunde vor dem Servieren Zimmertemperatur annehmen zu lassen. Zu diesen Leckerbissen schmeckt ein köstliches Bier wie Staropramen oder Corona.

Backe, backe, Kuchen

Eigentlich backe ich nur hier auf Gotland. Na ja, der ein oder andere Rührkuchen entsteht schon in meiner Küche in der Stadt, doch im Grunde entwickle ich nur auf dem Lande diese Backlust. Wahrscheinlich wegen des ewigen Zeitmangels in der Stadt. In den Anfangsjahren wohnte in der Nähe unseres Ferienhauses eine Familie, die noch Landwirtschaft betrieb. Lilian, die Hausherrin, backte regelmäßig, und kein Brot auf der ganzen Welt kann sich mit ihrem messen. Wenn ich mich recht erinnere, kamen dort einmal im Monat alle Frauen der umliegenden Höfe zusammen, um gemeinsam Brot zu backen. Das zog sich dann immer über mehrere Tage hin. Der Teig musste angesetzt, überbrüht, gewürzt und dann im Steinofen, den die Männer schon am frühen Morgen angefeuert hatten, gebacken werden. Ganze 25 Brote fanden darin auf einmal Platz! Auch Waffeln, Zimtschnecken, Weckchen und jede Menge Plätzchen wanderten in den Ofen. Die Arbeit wurde zwischen den Frauen gerecht aufgeteilt, und am Ende wurde ich mit einem noch warmen, in ein Geschirrtuch eingewickelten Brot nach Hause geschickt.

Ich sollte häufiger backen! Es gibt einfach nichts Besseres als frisch Gebackenes. Und es ist toll, etwas mit den Händen zu tun – das gibt mir immer so ein gutes Gefühl. Auf Gotland backe ich immer Weckchen, Brot und Plätzchen, und bald werde ich mich auch an Waffeln heranwagen. Ich muss mir nur noch ein altes Eisen besorgen, damit ich sie auch auf die traditionelle Weise zubereiten kann.

Hannah

Kardamomkuchen

100 g Butter
240 g Rohrzucker
1 Ei
1 EL zerstoßene Kardamomsamen
300 g Weizenmehl
2 TL Backpulver
250 ml Milch
Butter und Semmelbrösel für die Form
3 EL Hagelzucker

Den Backofen auf 175 °C vorheizen.

Die Butter zerlassen, den Zucker unterrühren, dann Ei und Kardamom einrühren. Mehl und Backpulver mischen und abwechselnd mit der Milch unterrühren, bis ein glatter Teig entstanden ist.

Eine Kranzform mit Butter einfetten und mit Semmelbröseln ausstreuen. Den Teig in die Form füllen, mit Hagelzucker bestreuen und im unteren Teil des Ofens etwa 45 Minuten backen. Mit einem Spieß die Garprobe machen – wenn nichts anhaftet, ist der Kuchen gar. Auf einem Kuchengitter abkühlen lassen.

Zum Beispiel mit Schlagsahne und Erdbeeren servieren.

Oma Gunnys Karamellkekse

ERGIBT 25 STÜCK
200 g weiche Butter
160 g Rohrzucker oder Zucker
2 EL heller Zuckerrübensirup
240 g Mehl
1 TL Natron
1 TL Vanillezucker
1 TL Ingwerpulver

Den Backofen auf 200 °C vorheizen.

Butter, Zucker und Sirup verrühren. Die restlichen Zutaten hinzufügen und alles zu einem glatten Teig verarbeiten. Den Teig zu drei Strängen formen, auf ein mit Backpapier ausgelegtes Blech geben und dünn ausrollen. Etwa 18 Minuten backen.

Die noch heißen Fladen schräg in Stücke schneiden und abkühlen lassen (siehe Abbildung S. 60).

Strandbrötchen

ERGIBT 16 STÜCK
- 50 g Hefe
- 50 g Butter
- 500 ml Milch
- 100 ml heller Zuckerrübensirup
- 2 TL Salz
- 780–840 g Mehl
- verquirltes Ei, zum Bestreichen
- 80–100 g Walnusskerne, grob gehackt

Die Hefe in eine Rührschüssel bröckeln. Die Butter in einem Topf zerlassen, die Milch hinzufügen und auf 37 °C abkühlen lassen. Die Milchmischung zur Hefe gießen und diese unter Rühren auflösen.

Sirup, Salz und Mehl hinzufügen. Von Hand oder mit einem Handmixer mit Knethaken vermengen, bis sich der Teig von den Schüsselrändern löst. Abgedeckt etwa 45 Minuten gehen lassen.

Den Teig auf eine bemehlte Arbeitsfläche legen, vierteln und jedes Stück nochmals vierteln. Zu Kugeln formen und auf einem mit Backpapier ausgelegten Backblech verteilen. Mit Ei bestreichen, mit Walnüssen bestreuen und diese leicht in den Teig drücken. Nochmals etwa 30 Minuten gehen lassen.

Den Backofen auf 200 °C vorheizen. Die Brötchen in der Mitte des Ofens etwa 20 Minuten backen (siehe Abbildung S. 61).

Früchte-Nuss-Brot

ERGIBT 2 BROTE
- 120 g Haselnuss-, Walnuss- und Mandelkerne
- 100 g getrocknete Aprikosen und Feigen
- 100 g Rosinen
- 1 kg Naturjoghurt
- 280 g dunkler Zuckerrübensirup
- 420 g Weizenmehl
- 180 g Grahammehl
- 100 g Roggenvollkornmehl
- 2 TL Salz
- 2 TL Natron
- Butter und Sonnenblumenkerne für die Form

Den Backofen auf 200 °C vorheizen.

Nüsse und Mandeln in einer trockenen Pfanne rösten und abkühlen lassen. Aprikosen und Feigen hacken. Nüsse, Mandeln, Trockenfrüchte, Joghurt und Sirup in einer Schüssel verrühren.

Die drei Mehlsorten, Salz und Natron in einer zweiten Schüssel mischen. Gründlich unter die Joghurt-Früchte-Mischung mengen, jedoch nicht zu lange rühren. Der Teig sollte klebrig sein.

2 Kastenformen à 2 l Inhalt einbuttern und mit Sonnenblumenkernen ausstreuen. Den Teig in die Formen füllen und glatt streichen. Mit etwas Roggenmehl bestäuben und 1 Stunde in der Mitte des Ofens backen. Dann die Temperatur auf 175 °C reduzieren und weitere 30 Minuten backen. In den Formen abkühlen lassen.

Tapas auf meiner Treppe

Meine geliebte Außentreppe ist für mich der beste Platz der Welt. Alle meine Freunde wissen, was ich meine, wenn ich sage: „Die Treppe ruft!" Die Treppe ist der Ort, an dem ich mich entspannen und einfach nur ich selbst sein kann. Dort kann ich ein Glas Wein trinken, wenn die Kinder im Bett sind, oder bei einer Tasse Kaffee ein tiefgründiges Gespräch führen. Wenn mich jemand fragen würde, wo ich mich am geborgensten fühle, würde ich sicher „auf der Treppe" sagen. Wer mich kennenlernen möchte, sollte mich dort treffen, denn nirgends bin ich so sehr ich selbst wie auf der Treppe.

Auf meiner Treppe wird getrunken, über weltbewegende Themen gesprochen, Klartext geredet. Oder abgehangen. Ganz ungezwungen. Der morgendliche Kaffee zieht sich hier bis in den Mittag. Es gibt Roséwein in der Nachmittagssonne. Oft sitze ich hier auch ganz alleine. Schaue den Weg entlang. Schweigend. Nur ich allein.

Außerdem nehmen wir auf der Treppe unseren Aperitif ein oder servieren Drinks und leckere Tapas als Vorspeise vor dem Abendessen. Der Meeresfrüchtesalat hier links (Rezept auf Seite 66) ist für meine Treppe wie gemacht. Am besten löffelt man ihn dort aus altmodischen, leicht angeschlagenen Gläsern – ganz entspannt aus der Hand. Auf der Treppe ist es das Miteinander, das zählt. Setz dich hin. Freu dich. Kleckere ein wenig. Fühl dich willkommen.

Hannah

Meeresfrüchtesalat vom Löffel

FÜR 12 LÖFFEL
8 große Jakobsmuscheln, frisch oder aufgetaute Tiefkühlware
½ TL Salz
1 EL Olivenöl
1 Tomate
250 g gekochte Garnelen in der Schale
1 Avocado
1 Mango
½ Salatgurke
1 Frühlingszwiebel
½ rote Zwiebel
schwarzer Pfeffer
Salz

MARINADE
1 rote Chili
Saft von ½ Limette
1 Knoblauchzehe, zerdrückt
1 EL frisch gehackter Koriander

Die Jakobsmuscheln salzen und kurz in einer heißen Pfanne in Öl braten. Im Kühlschrank abkühlen lassen.

Die Tomatenschale kreuzförmig einschneiden und die Tomate in kochendem Wasser 10–15 Sekunden blanchieren. Leicht abkühlen lassen, häuten, entkernen und fein würfeln.

Die Garnelen schälen. Die Avocado halbieren, entkernen und fein würfeln. Die Mango schälen, entsteinen und fein würfeln. Auch die Gurke fein würfeln. Die Frühlingszwiebeln in feine Ringe schneiden, die rote Zwiebel hacken. Schließlich die kalten Muscheln würfeln.

Die Chili entkernen und fein hacken. Chili, Limettensaft, Knoblauch und Koriander mischen. Garnelen, Gemüse und Obst unterrühren und alles mit Salz und Pfeffer abschmecken. Mindestens 1 Stunde in den Kühlschrank stellen.

Auf schönen großen Löffeln oder in hübschen Schnapsgläsern servieren (siehe Abbildung S. 64).

Grüne Paprika mit Meersalzflocken

Olivenöl
20 kleine grüne Spitzpaprika
Meersalzflocken

Für diese Tapas sind kleine spanische Pimientos de Padrón ideal, sie werden inzwischen in vielen Supermärkten oder auf dem Wochenmarkt angeboten. Auch kleine grüne türkische Paprika eignen sich wunderbar.

Das Olivenöl in einer Grillpfanne erhitzen und die Paprika darin mit den Meersalzflocken braten, bis sie weich und angeschwärzt sind.

Minireibekuchen

Die Kartoffeln schälen, grob reiben und in einer Schüssel mit Eiern, Salz und Pfeffer vermengen.

Die Butter in einer Pfanne erhitzen. Den Teig in kleinen Häufchen in die Pfanne geben und flach drücken. Bei mittlerer Hitze beidseitig goldbraun und knusprig braten und auf Küchenpapier abtropfen lassen.

Mit ein wenig Crème fraîche, Kaviar und roter Zwiebel garnieren und auf einer Platte servieren.

ERGIBT CA. 10 STÜCK
700 g Kartoffeln
2 Eier
1½ TL Salz
1 TL gemahlener schwarzer Pfeffer
Butter, zum Braten

ZUM SERVIEREN
100–150 g Crème fraîche
ca. 80 g Lachskaviar
1 rote Zwiebel, fein gehackt

Mini-Bruschetta

Das Baguette in Scheiben schneiden. Die Scheiben mit Olivenöl bestreichen, dann mit einer der Knoblauchzehen einreiben. In einer Pfanne oder im Ofen knusprig braten.

Die Tomaten würfeln und in eine Schüssel geben. Den restlichen Knoblauch zerdrücken. Die Petersilie hacken, den Mozzarella klein schneiden und beides unter die Tomaten mischen. Mit Olivenöl beträufeln, salzen und pfeffern.

Die Brotscheiben auf einer Platte verteilen, mit der Tomatenmischung belegen und mit Meersalzflocken bestreuen.

1 Baguette
Olivenöl
3 Knoblauchzehen
4 Strauchtomaten
1 Bund frische Petersilie, Blätter abgezupft
2 Pakete Büffelmozzarella (à 125 g)
Meersalzflocken und schwarzer Pfeffer

Sommerliche Aperitifs

GIN TONIC LIME

ERGIBT 1 DRINK
4 cl Gin
2 Limettenspalten, möglichst bio
Eiswürfel
Indian Tonic Water

Den Gin in ein Glas geben. Die Limettenspalten hinzufügen, dabei einen Spritzer Saft in den Gin geben. Etwas Eis hineingeben und mit Tonic Water nach Geschmack auffüllen.

PIMMS

1/3 Salatgurke
2 Äpfel
2 Nektarinen
Eiswürfel
700 ml Pimms No. 1
700 ml Sprite
evtl. Minzeblätter

Die Gurke längs halbieren und in Scheiben schneiden. Die Äpfel entkernen, die Nektarinen entsteinen und beides in Spalten schneiden. Alles mit dem Eis in eine große Karaffe füllen.

Pimms und Sprite zu gleichen Teilen hinzufügen und nach Belieben mit Minzeblättern garnieren.

PROSECCO ROYAL

ERGIBT 6 GLÄSER
750 ml Prosecco
konzentrierter Holunderblütensaft (siehe S. 138)

Den Prosecco kalt stellen. Etwas Holunderblütensaft in die Gläser geben und mit Prosecco auffüllen.

APPLETINI

ERGIBT 2 DRINKS
Eiswürfel
4 cl Wodka
4 cl Bols Sour Apple oder Berentzen Saurer Apfel
200 ml Apfelsaft
2 Limettenspalten
2 dünne Apfelscheiben

Verwenden Sie für diesen Drink möglichst einen Cocktail-Shaker. Alternativ ein hohes Glas verwenden und dieses abdecken. Wer ganz professionell vorgehen möchte, kann die Serviergläser vor dem Servieren eine Weile ins Tiefkühlfach stellen.

Zunächst die Eiswürfel in den Shaker füllen, damit er schön kalt wird. Wodka, Sour Apple und Apfelsaft aufgießen und den Shaker schütteln. Den Saft der Limettenspalten hineinpressen. Noch einmal schütteln und in hübsche Gläser füllen. Die Apfelscheiben auf den Glasrand stecken und den Drink servieren.

Charlies Geburtstag am Strand

Wir waren zu Hause drei Schwestern, und ich glaube, dass die Geburtstage deshalb für uns ganz besonders wichtig waren. Zwischen uns gab es tagtäglich viel Konkurrenz, doch am Geburtstag war alles anders. Dann hatte man einen ganzen Tag für sich allein, an dem alles so war, wie man das wollte. Ich wusste, dass jede Sekunde dieses Tages mir gehört, und nutzte jede davon aus.

Wenn ich frühmorgens aufwachte, lauschte ich den Lauten aus der Küche: Brotscheiben, die aus dem Toaster sprangen, das Klappern von Tassen und Tellern, das Flüstern der Familienmitglieder, die sich vor meiner Tür versammelten. Als sie hereinkamen, um mir ein Geburtstagslied zu singen, tat ich so, als ob ich noch schlief. Nach der Hälfte des Liedes tat ich dann so, als wäre ich gerade aufgewacht, und richtete mich halb auf. Und sie kamen mit Frühstück, Blumen und Geschenken ans Bett.

Charlies Geburtstag feiern wir immer am Strand. Dann verfrachten wir eine Torte, Kekse und andere Leckereien vorsichtig in einen Picknickkorb und nehmen jede Menge Decken, Ballons, Geschenke und andere Dinge mit, die an ihrem Geburtstag nicht fehlen dürfen.

Willkommen zu Charlies Geburtstagsfest!

Amanda

Milchreiskuchen mit Konfitüre und Sahne

FÜR 6–8 PERSONEN
1 l gekochter Milchreis
65 g ganze Mandeln
150 g Sahne
3 Eier
1 TL Vanillezucker
½ g Safranfäden
3 EL Zucker
Butter für die Form

ZUM SERVIEREN
Schlagsahne
Beerenkonfitüre

Den Milchreis nach Packungsanleitung garen.

Den Backofen auf 175 °C vorheizen. Wasser in einem Topf aufkochen und die Mandeln darin ein paar Minuten kochen. Unter kaltem Wasser abschrecken, häuten und fein hacken.

Mandeln, Sahne, Eier und Vanillezucker unter den Milchreis mengen. Safran und Zucker mischen und unter die Masse rühren. Den Teig in einer eingefetteten Auflaufform etwa 20 Minuten backen.

Den Milchreiskuchen mit Schlagsahne und Konfitüre servieren.

Brombeerkonfitüre

1 kg Brombeeren
1 kg Zucker

Beeren und Zucker in einem Topf mischen und über Nacht ziehen lassen.

Die Mischung aufkochen, abschäumen und 15 Minuten köcheln lassen. In heiße, saubere Gläser füllen, verschließen und abkühlen lassen. Die Konfitüre im Kühlschrank aufbewahren.

Rhabarberküchlein

ERGIBT 15 STÜCK
200 g weiche Butter
80 g Zucker
½ TL Backpulver
300 g Mehl
120 g Rhabarberkonfitüre oder Erdbeer-Rhabarber-Kompott, siehe S. 140

Den Backofen auf 175 °C vorheizen.

Butter, Zucker, Backpulver und Mehl zu einem Teig vermengen. Aus dem Teig etwa 15 Kugeln formen und in Muffin-Papierförmchen geben. Mit dem Daumen eine Vertiefung in die Mitte drücken und mit Konfitüre füllen.

Etwa 15 Minuten backen und abkühlen lassen. Siehe Foto S. 77.

Kokosmakronen

Den Backofen auf 175 °C vorheizen.

Die Butter zerlassen und ein wenig abkühlen lassen. Mit den restlichen Zutaten verrühren und den Teig 5 Minuten ruhen lassen.

Den Teig zu Makronen formen und auf einem mit Backpapier ausgelegten Backblech verteilen. Man kann die Makronen auch in Muffinförmchen geben. Etwa 12 Minuten im Ofen backen, dann abkühlen lassen.

ERGIBT CA. 20 STÜCK
50 g Butter
2 Eier
120 g Zucker
280 g Kokosraspel

Geburtstagstorte

Den Backofen auf 175 °C vorheizen.

Eier und Zucker hell und schaumig schlagen. Speisestärke, Mehl und Backpulver in einer Schüssel mit einer Gabel gründlich mischen und rasch unter die Eimasse ziehen. Nicht zu lange rühren.

Eine Springform mit 23 cm Ø einfetten und den Teig hineingeben. Im unteren Teil des Ofens etwa 45–50 Minuten backen. Den Boden abkühlen lassen und horizontal in drei dünne Scheiben schneiden.

Wir haben Charlies Geburtstagstorte folgendermaßen gefüllt: Vanillecreme, Beeren und Banane mit ein wenig Schlagsahne verrühren und auf dem ersten Boden verstreichen. Den zweiten Boden aufsetzen. Baiserkrümel mit Schlagsahne und Fruchtpüree vermengen und auf dem zweiten Boden verstreichen. Den letzten Boden aufsetzen und die Torte rundum mit der verbliebenen Schlagsahne bestreichen. Dann hübsch mit Dingen dekorieren, die Ihr Kind mag: mit Marzipanfiguren, Streuseln, Beeren, ...

5 Eier
160 g Zucker
80 g Speisestärke
60 g Weizenmehl
2–3 TL Backpulver
Butter und Semmelbrösel für die Form

CHARLIES LIEBLINGSFÜLLUNG
200 g Vanillecreme (Fertigprodukt)
600 g frische gemischte Beeren, zerdrückt
1 zerdrückte Banane
400–500 g geschlagene Sahne
zerstoßene Baisers
120 g Pfirsich-Bananen-Püree (Kindernahrung)

Grillvergnügen ohne Ende

Ich lasse den Sommer vor meinem inneren Auge Revue passieren. Er ist wie ein gleichmäßiger Strom von sonnigen Tagen am Strand – manche Tage sind kurz, andere enden gegen Mitternacht. Die Regentage sind so regnerisch, dass wir uns kaum vor die Tür trauen. Ich erinnere mich vor allem an unsere Abendessen, die den Sommertagen immer so einen würdigen Rahmen verleihen. An die unterschiedlichen Menschen, die unerwarteten Gäste, die spannenden Gesprächsthemen und die Mahlzeiten, die sich ins Gedächtnis brennen. Zum Beispiel die Trüffeln, die wir mithilfe unseres Nachbarn im Garten aufgespürt haben, oder den Seeteufel, den Amanda und Alex zubereitet hatten – nur leider ohne ihn vorher auszunehmen. Manchmal machen wir uns schick, aber meist tragen wir bequeme Kleidung. Hauptsache, es ist nicht so steif. Solange es nicht regnet, essen wir draußen und ziehen uns lieber dicker an, als ins Haus zu gehen.

Jemand hat den Feuerkorb angezündet. Wir träumen von einem Dach über der Terrasse, einem Gewächshaus mit Esstisch, einem Heizpilz und anderem Luxus. „Wenn wir reich sind", sagen wir dann und überlegen, was wir machen würden, wenn wir eine Million hätten. Dann wird gespielt. Zum Beispiel „Die Sonne und das schwarze Loch" (wir sagen, was uns glücklich und was uns unglücklich macht). Weiter geht's mit einem Fragespiel mit Scharade und schließlich fangen wir an, Reden zu halten. Wenn wir plötzlich feierlich werden, alles in die schönsten Worte kleiden und ein paar Tränen vergießen, sind wir den Männern immer peinlich. Die Kinder toben herum und kuscheln sich anschließend in Decken, um einen Film anzuschauen. Alles im Freien.

Ahhh, solche Grillabende sollten niemals enden! Von diesen Abenden zehren wir, wenn der Winter die Stadt fest im Griff hat und wir wieder Schmorgerichte essen.

Hannah

Marinaden

Die Marinaden werden alle auf dieselbe Weise hergestellt und reichen für eine Menge von 500–600 g Fisch oder Fleisch. Die Zutaten verrühren, Fleisch oder Fisch hineinlegen und mindestens 40 Minuten (möglichst länger) im Kühlschrank ziehen lassen. Währenddessen ein paar Mal wenden und darauf achten, dass Fleisch oder Fisch stets von Marinade bedeckt sind. Ein verschlossener Plastikbeutel eignet sich gut zum Marinieren.

MARINADE FÜR LAMM
90 ml Olivenöl
2 EL chinesische Sojasauce
1 EL Honig
frischer Rosmarin
frischer Thymian
Salz und schwarzer Pfeffer

MARINADE FÜR SCHWEINEFILET
90 ml Olivenöl
1 TL Sambal oelek
2 EL flüssiger konzentrierter Kalbsfond
2 TL Rohrzucker
100 ml Rotwein
Salz und schwarzer Pfeffer

MARINADE FÜR LACHS
Saft von 1 Zitrone
1 rote Chili, entkernt und gehackt
2 Knoblauchzehen, gehackt
1 Spritzer Weißwein
90 ml Olivenöl
frischer Estragon
Salz und Pfeffer

MARINADE FÜR HÜHNCHEN
Saft und abgeriebene Schale von 2 Limetten
3-cm-Stück frische Ingwerwurzel, geschält und gerieben
1 rote Chili, entkernt und gehackt
2 Knoblauchzehen, gehackt
Olivenöl
Salz und schwarzer Pfeffer

SCHARFE MARINADE FÜR HÜHNCHEN
1 Zwiebel, gehackt
2 Knoblauchzehen, gehackt
2 rote Chilis, entkernt und gehackt
3–4 TL Ingwerpulver
2 TL getrockneter Thymian
2 TL Cayennepfeffer
2 TL gemahlener Piment
2 TL Zimt
1 TL gemahlene Muskatnuss
1 TL Salz
45–90 ml Olivenöl

Amelias Parmesankartoffeln

FÜR 5–7 PERSONEN
1 kg Frühkartoffeln
150 g Parmesan
90 ml Olivenöl
3 Knoblauchzehen, zerdrückt
Salz und Pfeffer

Die Kartoffeln abbürsten und in leicht gesalzenem Wasser garen. Den Käse reiben.

Die Kartoffeln noch heiß in einer Schüssel mit Olivenöl beträufeln. Knoblauch und Parmesan hinzufügen und alles gut mischen. Mit Salz und Pfeffer abschmecken.

Saucen

FETASAUCE

150 g Feta
200 g Crème fraîche
schwarzer Pfeffer und Meersalzflocken

Den Feta in einer Schüssel zerbröckeln oder zerdrücken. Crème fraîche unterrühren und mit Pfeffer und Salz abschmecken.

TSATSIKI

½ Salatgurke, geschält und entkernt
½ TL Salz
200 g Naturjoghurt
1 Knoblauchzehe, zerdrückt
1 TL Weißweinessig
Salz und Pfeffer

Die Gurke reiben, in ein Sieb geben und leicht salzen. Nach einer Weile fließt das austretende Wasser ab. Gut abtropfen lassen. Gurke, Joghurt, Knoblauch und Essig verrühren und mit Salz und Pfeffer nach Geschmack würzen.

JOGHURTSAUCE

200 g Naturjoghurt oder Crème fraîche
100 ml flüssiger konzentrierter Kalbsfond
2 Knoblauchzehen, zerdrückt

Joghurt, Brühe und Knoblauch verrühren. Fertig!

COCKTAILSAUCE

120 g Mayonnaise
100 g Crème fraîche
2 EL Tomatenmark
1 EL Ketchup
1 Knoblauchzehe, zerdrückt
Kräutersalz
Paprikapulver edelsüß

Mayonnaise, Crème fraîche, Tomatenmark, Ketchup und Knoblauch glatt rühren. Mit Kräutersalz und Paprikapulver abschmecken.

Siehe Abbildung Seite 80.

Lauwarmer Rote-Bete-Salat mit Ziegenkäse

Die Rote Bete in einem großen Topf garen. Die Garzeit hängt von ihrer Größe ab – wenn sie sich beim Einstechen weich anfühlen, sind sie gar. Die Rote Bete unter kalt fließendem Wasser schälen und in Stücke schneiden.

Spargel und Bohnen in mundgerechte Stücke schneiden. Mit den Kernen in einer heißen Pfanne mit Olivenöl anbräunen.

Rucola und Spinat auf einer großen Platte oder in einer Salatschüssel anrichten. Rote Bete, Spargel, Bohnen und Kerne hinzufügen. Den Ziegenkäse zerbröckeln und über den Salat streuen.

Für das Dressing Öl, Essig und Honig verquirlen. Mit Salatkräutern, Kräutersalz und Pfeffer würzen und den Salat mit dem Dressing beträufeln.

FÜR 8–10 PERSONEN
1 kg Rote Bete
250 g frischer grüner Spargel
100 g frische Brechbohnen
50 g Pinien- oder Haselnusskerne
Olivenöl, zum Braten
70 g Rucola
70 g Babyspinat
250 g Ziegenkäse

DRESSING
90 ml Olivenöl
2 EL Balsamico-Creme
1 EL Honig
italienische Salatkräuter
Kräutersalz
schwarzer Pfeffer

Grillbananen de luxe

Die ungeschälten Bananen längs einschneiden und mit Schokoladenstücken füllen. Nehmen Sie einfach Ihre Lieblingsschokolade. Die gefüllten Bananen in Alufolie wickeln und etwa 15 Minuten auf den Grill legen.

Die fertigen Bananen heiß mit Vanilleeis servieren.

FÜR 4 PERSONEN
4 Bio-Bananen
100 g Minzeschokolade
100 g Nussschokolade
100 g Knusperschokolade

ZUM SERVIEREN
Vanilleeis

Spiele

Die Sonne und das schwarze Loch

Hier geht es darum, zu beschreiben, was einen gerade besonders glücklich oder unglücklich macht.

Sex, Heirat und Tod

Es werden drei bekannte Personen genannt, und jeder Mitspieler muss sagen, mit wem der drei er am ehesten Sex hätte, wen er heiraten würde und auf wen er verzichten könnte. Alles muss natürlich begründet werden.

Das Allerbeste an dir

Man muss allen am Tisch ein Kompliment machen und deren Selbstvertrauen stärken. Das Spiel wirkt Wunder!

An Regentagen

Diese Regentage! An solchen Tagen muss man sich zusammenrotten – das ist ganz wichtig! Ehrlich gesagt, glaube ich, dass Regentage dazu da sind, dass wir uns langsam auf den Herbst einstimmen. Sie zwingen uns dazu, drinnen zu bleiben, alles in Zeitlupe zu erledigen und auch ein wenig innezuhalten. Früher haben mich Regentage deprimiert, jetzt nehme ich die Tage, wie sie kommen. Dann heißt es Spiele spielen, backen und es sich schön gemütlich machen. Und Mittagsschlaf halten. Zeichnen, basteln und lustige Dinge aufschreiben, die die Kinder gesagt haben. Ich liebe es, wenn alle Cousinen rund um den Küchentisch sitzen und auf die Pfannkuchen warten. Lustig, ihren Gesprächen zu lauschen und zu beobachten, wie sie sich um die Buntstifte streiten. Es sind die kleinen Dinge im Leben, die zählen. Und für unsere Kinder werden diese Stunden zu schönen Erinnerungen an glückliche Kindertage.

Hannah

Blaubeer- und Kardamom-Schnecken

Am einfachsten ist die Zubereitung in einer Küchenmaschine, Sie können jedoch auch alles mit der Hand verarbeiten.

Die Butter in einem Topf zerlassen, die Milch hinzufügen und auf 37 °C abkühlen lassen. Die Hefe in eine Rührschüssel bröckeln, die Flüssigkeit zur Hefe gießen und diese unter Rühren auflösen.

Zucker, Eier, Kardamom und Salz hinzugeben. Dann nach und nach das Mehl einarbeiten und so lange kneten, bis ein leicht glänzender Teig entstanden ist, der sich von den Schüsselrändern löst. Den Teig mit einem Geschirrtuch abgedeckt 1 Stunde gehen lassen.

Die Zutaten für Füllung 2 mit einem Handmixer verrühren.

Den Teig vierteln und ein Stück nach dem anderen auf einer leicht bemehlten Arbeitsfläche zu einem Rechteck ausrollen. Zwei Rechtecke mit Füllung 1 bestreichen und aufrollen. Die anderen zwei Rechtecke mit Füllung 2 bestreichen und aufrollen. Die vier Rollen in 3–4 cm dicke Scheiben schneiden und diese auf mit Backpapier ausgelegten Blechen verteilen. Mit einem Geschirrtuch abgedeckt etwa 30 Minuten gehen lassen.

Den Backofen auf 225 °C vorheizen und alle Schnecken mit Ei bestreichen. Dann die Blaubeerschnecken mit Hagelzucker, die anderen mit zerstoßenen Kardamomsamen bestreuen. Die Schnecken nacheinander 8–10 Minuten in der Mitte des Ofens goldbraun backen.

ERGIBT CA. 60 STÜCK
200 g Butter
1 l Milch
50 g frische Hefe
160 g Zucker
2 Eier
1 TL gemahlener Kardamom
¼ TL Salz
ca. 1,7 kg Mehl

FÜLLUNG 1
400 g Blaubeerkonfitüre

FÜLLUNG 2
300 g weiche Butter
3 EL gemahlener Kardamom
160 g Zucker
1 EL Vanillezucker
2 EL heller Zuckerrübensirup

GARNIERUNG
1 verquirltes Ei zum Bestreichen
Hagelzucker
zerstoßene Kardamomsamen

KAIRO

Carbonara de luxe

Großzügig gesalzenes Wasser in einem großen Topf zum Kochen bringen und die Nudeln darin nach Packungsangabe garen.

Den Speck würfeln, die Zwiebel hacken, beides in einer Pfanne braten, bis der Speck knusprig ist. Dann den klein geschnittenen Spargel hineingeben.

Die Eier mit Sahne, Parmesan, Knoblauch und ein wenig Salz und Pfeffer in einer Schüssel verquirlen.

Die frisch gekochten Nudeln heiß zur Speck-Spargel-Mischung geben, die Eimasse hinzufügen und bei geringer Hitze unter behutsamem Rühren leicht stocken lassen.

Auf einer großen Platte oder in einer Schüssel anrichten, etwas Parmesan darüberreiben und mit frisch gemahlenem Pfeffer würzen.

FÜR 4 PERSONEN

400 g Nudeln nach Wahl
280 g Speck
1 Zwiebel
250 g grüner Spargel, frisch oder aufgetaute Tiefkühlware
4 Eier
150 g Sahne
100 g Parmesan, gerieben
2 Knoblauchzehen, fein gehackt
Salz und schwarzer Pfeffer

Speckpfannkuchen mit Preiselbeersauce

Mehl und Salz in einer Schüssel vermischen. Die Hälfte der Milch hinzufügen und mit dem Mehl glatt rühren. Dann die restliche Milch und die Eier unterrühren. Den Teig 30 Minuten quellen lassen.

Die Pfannkuchen in einer Pfanne mit reichlich Butter braten – die bevorzugte Teigmenge und die richtige Hitze finden Sie nach und nach selbst heraus. Beginnen Sie jedoch mit 50 ml Teig und mittlerer Hitze.

Die Preiselbeeren mit etwas Zucker bestreuen und rühren, bis sich der Zucker aufgelöst hat. Bei Bedarf mehr Zucker hinzufügen. Den Speck in einer Pfanne auslassen und auf Küchenpapier abtropfen lassen.

Die Pfannkuchen für die Erwachsenen mit Speck und kalt gerührten Preiselbeeren servieren, für die Kinder mit Himbeerkonfitüre.

FÜR 4 PERSONEN

250 g Mehl
½ TL Salz
600 ml Milch
3 Eier
3 EL Butter
140 g frische oder tiefgekühlte, aufgetaute Preiselbeeren
Zucker
300 g durchwachsener, in Scheiben geschnittener Speck oder Bacon
Himbeerkonfitüre

Dillfleisch

FÜR 8 PERSONEN
1½ kg entbeintes Lammfleisch
1½ l Wasser
1½ TL Salz
1 Karotte
1 Zwiebel
½ Porreestange
10 weiße Pfefferkörner
2 Lorbeerblätter
½ TL Dillsamen
1 Bund Dill, nur die Stängel

SAUCE
2 EL Butter
2 EL Weizenmehl
500–600 ml Kochsud vom Lamm
2 TL Branntweinessig (12 %)
2 EL frisch gepresster Zitronensaft
1–2 TL Zucker
evtl. 1 Eigelb
evtl. 100–200 g Sahne
3 EL fein gehackter Dill
Salz und frisch gemahlener weißer Pfeffer

ZUM SERVIEREN
gekochte Kartoffeln

Dillfleisch ist eins der besten Gerichte der Welt, lassen Sie sich also nicht davon abschrecken, dass die Zubereitung auf den ersten Blick ein wenig kompliziert erscheint. Alles geht viel leichter, als Sie glauben.

Das Fleisch in Würfel mit 3–4 cm Seitenlänge schneiden und in einen Topf legen. Wasser und Salz in einem separaten Topf aufkochen. Das Fleisch mit dem kochenden Wasser übergießen und aufkochen. Den aufsteigenden Schaum sorgfältig mit einem Schaumlöffel entfernen.

Karotte, Zwiebel und Porree grob in Stücke schneiden und mit Pfefferkörnern, Lorbeerblättern, Dillsamen, Dillstängeln und nach Belieben mehr Salz zum Fleisch geben. Abgedeckt 1¼–1½ Stunden sachte köcheln lassen, bis das Fleisch ganz zart ist.

Das Fleisch aus dem Topf heben und den Kochsud abseihen.

Für die Sauce die Butter in einem Topf zerlassen und das Mehl mit einem Schneebesen einrühren. Unter Rühren 500–600 ml Kochsud eingießen und köcheln, bis die Sauce eindickt.

Das Fleisch hineingeben und 5 Minuten mitköcheln. Ab und zu umrühren. Essig, Zitronensaft und Zucker hinzufügen und abschmecken. Nach Belieben 1 Eigelb mit 100–200 g Sahne verquirlen und unter den Eintopf rühren. Danach darf das Gericht nur noch sachte köcheln. Den Dill einrühren und alles mit Pfeffer und Salz abschmecken.

Mit frisch gekochten Kartoffeln servieren.

Unser Tag der Leibgerichte

Wir haben eine tolle Ferientradition, nämlich unseren „Tag der Leibgerichte". Jeder darf sich dann etwas zu essen wünschen, und alle Gerichte werden zu einem köstlichen Büffet zusammengestellt. Es macht immer superviel Spaß, von allem ein wenig zu naschen – Käse, Nudeln, Salat oder auch süße Sachen.

Im Grunde ist es dasselbe wie bei der Torte in diesem Kapitel: Sie ist eine Mischung aus zwei der weltbesten schwedischen Tortenrezepte: Baisertorte und Prinzessinnentorte. Wer die beiden Rezepte miteinander verbindet, erhält die umwerfend leckere Torte hier links.

Das Folgende kommt also dabei heraus, wenn wir den Tag der ultimativen Leibgerichte feiern!

Amanda

Salathäppchen mit Blauschimmelkäse

10 Endiviensalatblätter, alternativ Romanasalat oder Salatherzen
140 g Blauschimmelkäse, in Stücke geschnitten
2 Birnen, in Scheiben geschnitten
50 g Walnusskerne, grob gehackt

Die Salatblätter kalt abspülen, trocken schleudern und auf einer Platte anrichten. Auf jedes Blatt ein Stück Käse und eine Birnenscheibe legen, mit Walnüssen bestreuen.

Nudeln mit Pesto

FÜR 4 PERSONEN
400 g Nudeln, z. B. Tagliatelle
60 g Pinienkerne
1 Bund frisches Basilikum
100 g Parmesan, gerieben
3 Knoblauchzehen, zerdrückt
180 ml Olivenöl
50 g Crème fraîche
Salz und Pfeffer

In einem großen Topf reichlich gesalzenes Wasser zum Kochen bringen und die Nudeln darin nach Packungsangabe garen.

Pinienkerne, Basilikumblättchen, Parmesan, Knoblauch und Öl mit einem Stabmixer pürieren. Crème fraîche unterrühren und mit Pfeffer und Salz abschmecken.

Das Pesto unter die frisch gekochten Nudeln rühren.

Pilzsalat mit Parmaschinken und Ziegenkäse

FÜR 4 PERSONEN
4 Schalotten
1 Knoblauchzehe
250 g gemischte frische Pilze
1 EL Butter, zum Braten
Olivenöl
2 frische Thymianzweige, Blätter abgezupft
12 Cocktailtomaten
400 g Parmaschinken, in Stücken oder Scheiben
100 g Ziegenkäse, zerbröckelt
Salz und Pfeffer

Schalotten und Knoblauch hacken. Die Pilze putzen und in mundgerechte Stücke schneiden. Knoblauch und die Hälfte der Schalotten in einer Pfanne in Butter anbraten. Die Pilze, etwas Öl und die Hälfte der Thymianblätter hinzufügen, salzen und pfeffern. Die Pilze braten, bis die Flüssigkeit fast vollständig verdampft ist.

Die Tomaten waschen, halbieren und in eine Schüssel geben. Parmaschinken, rohe Schalotten, Ziegenkäse, den restlichen Thymian und etwas Olivenöl hinzufügen. Großzügig salzen und pfeffern.

Die Pilze auf einer Platte anrichten und die Schinken-Käse-Mischung darauf verteilen.

Prinzessinnentorte mit Baiserboden

6 Eiweiß
240 g Zucker

FÜLLUNG UND DECKE
150 g frische Erdbeeren
700 g Sahne
500 g rosa Marzipan, Fertigprodukt oder mit Lebensmittelfarbe selbst gefärbtes Marzipan (dafür muss Rohmarzipan im Verhältnis 70:30 mit Puderzucker verknetet werden)
Puderzucker

Den Backofen auf 100 °C vorheizen.

Das Eiweiß steif schlagen. Nach und nach den Zucker einrieseln lassen und weiterschlagen, bis eine feste Baisermasse entstanden ist. Sie sollte auch bei umgedrehter Schüssel nicht hinausfallen.

Auf Backpapier 2 Kreise für die Tortenböden aufzeichnen. Die Baisermasse in einen großen Spritzbeutel füllen und die Kreise mit der Masse ausfüllen. In der Mitte des Ofens 1½ Stunden backen und abkühlen lassen.

Die Erdbeeren zerdrücken, die Sahne steif schlagen. Die Erdbeeren unter einen Teil der Sahne heben und auf einem der Böden verstreichen. Den zweiten Boden aufsetzen. Die Torte mit der restlichen Sahne rundum bestreichen.

Das Marzipan dünn ausrollen, die Torte damit bedecken und die überlappenden Kanten abschneiden. Mit Puderzucker bestäuben und als Deko eine echte Rose auflegen.

Grillabend am Meer

Manchmal merkt man, dass man auch sehr gut ohne Küchenmaschine oder sonstige Hilfsmittel auskommt und die Fähigkeit zu einem Leben in der Natur noch nicht ganz verloren hat.

So geht es mir, wenn wir zum Grillen an den Strand fahren. Erst suchen wir lange nach dem perfekten Platz, dann legen wir unsere Decken aus und richten uns ein, als ob wir den ganzen Sommer hier bleiben würden. Die Kinder suchen Brennholz, und wir bauen Feuerstellen aus Steinen und Grillrosten. Die Getränke kühlen wir im Meer, alles andere bleibt einfach so, wie es ist. Nirgends schmecken Essen und Wein so gut wie am Meer. Doch das Klare und Karge der Natur macht auch etwas mit einem. Man fühlt sich milde, aber auch wilder als sonst. Und angesichts der runden Kiesel am Strand kommt Demut auf. Zehntausende Jahre liegen sie nun schon da und wurden von den Wellen glatt geschliffen. Das macht einem klar: Wir sind nur auf Stippvisite hier auf der Erde. Eintagsfliegen am Strand, das sind wir.

Solche Abende gehören zu meinen schönsten Kindheitserinnerungen. Man spielte, aß und schlief in Mamas Schoß ein, eingelullt von dem Gemurmel der gut gelaunten Erwachsenen und dem Duft von Grillfleisch, Kaffee, Rotwein und Meer. Höhepunkt war, wenn die Sonne im Meer unterging. Leider erlebte man diesen Augenblick nur selten, da man vorher schon eingeschlafen war. Aber das war nicht so schlimm.

Jetzt wiederholen wir das Ganze mit unseren Kindern. Vielleicht nur ein oder zwei Abende im Jahr, doch die sind immer fantastisch! Das Einzige, was ich aus meiner Kindheit vermisse, ist jemand, der Gitarre spielen kann. Das wird also das Projekt für den nächsten Sommer!

Amanda

Knoblauchsauce

Knoblauch und Crème fraîche glatt rühren. Die Petersilie einrühren und mit Salz und Pfeffer würzen.

3 Knoblauchzehen, zerdrückt
150 g Crème fraîche
1 EL fein gehackte Petersilie
Salz und weißer Pfeffer

Ajvar

Den Backofen auf 180 °C vorheizen.

Zwiebel und Knoblauch fein hacken und bei geringer Hitze in Öl anbraten. Die Chili hinzufügen und ein paar Minuten mitbraten. Die Paprika entkernen und etwa 20 Minuten im Ofen rösten.

Zwiebelmischung, Paprika, etwas Öl und Essig fein pürieren. Mit einer Prise Zucker, Salz und Pfeffer abschmecken und abkühlen lassen.

1 Zwiebel
3 Knoblauchzehen
Olivenöl
1 rote Chili, entkernt
2 rote Paprika
1 EL Weißweinessig
Zucker
Salz und Pfeffer

Eingelegte Oliven

Das Lorbeerblatt zerbröseln und mit den restlichen Zutaten in einer Schüssel vermengen. Mit Frischhaltefolie abgedeckt mindestens 2 Stunden, am besten aber über Nacht im Kühlschrank durchziehen lassen.

Als echte Knoblauchfans verwenden wir immer mehr als 4 Zehen, doch hier zählt natürlich Ihr Geschmack!

1 Lorbeerblatt
240 g schwarze Oliven
4 Knoblauchzehen, halbiert
1 EL frisch gehackter Rosmarin
1 EL frisch gehackter Oregano
2 TL abgeriebene Limettenschale, möglichst bio
45 ml Olivenöl
1 TL Meersalzflocken

Kartoffelsalat mit Haloumi und Radieschen

Die Kartoffeln abbürsten und in leicht gesalzenem Wasser garen. Den Haloumi in Streifen schneiden und in einer Pfanne in Olivenöl knusprig braten. Rucola und Radieschen waschen, die Radieschen in Scheiben schneiden. Alle Zutaten in einer Schüssel mischen und großzügig mit den Salatkräutern würzen.

Die Kartoffeln lauwarm unter den Salat mengen. Kleine Exemplare ganz lassen, größere halbieren.

Den Kartoffelsalat mit gegrillten Würstchen und den Beilagen von Seite 114 servieren.

FÜR 6–7 PERSONEN
1 kg Frühkartoffeln
200–250 g Haloumi
70 g Rucola
1 Bund Radieschen
90 ml Olivenöl, plus etwas mehr zum Braten
italienische Salatkräuter

ZUM SERVIEREN
Würstchen, z. B. grobe Bratwurst oder Lammbratwurst

Quesadillas

Eine Tortilla schön dick mit Frischkäse bestreichen. Dann eine Lage Pesto ergänzen und eine zweite Tortilla auflegen. In Vierecke schneiden und vor dem Servieren kurz grillen. Mit den restlichen Tortillas wiederholen.

ERGIBT 12 STÜCK
4 weiche Weizentortillas
200 g Doppelrahmfrischkäse
4 EL Pesto

Einfacher Rührkuchen

Den Backofen auf 175 °C vorheizen.

Die Butter in einem Topf zerlassen, dann vom Herd nehmen. Zucker und Eier sorgfältig unterrühren, Mehl, Kakao und Vanillezucker hinzufügen und alles zu einem glatten Teig vermengen. Den Teig in eine eingefettete und mit Semmelbröseln ausgestreute Springform mit 24 cm Ø füllen. Nach Belieben mit gehackten Nüssen bestreuen.

20–25 Minuten backen; der Kuchen sollte in der Mitte noch weich sein. Mit Schlagsahne servieren.

FÜR 6–8 PERSONEN
100 g Butter
200 g Zucker
2 Eier
100 g Mehl
4 EL ungesüßtes Kakaopulver
1½ TL Vanillezucker
Butter und Semmelbrösel für die Form
evtl. Haselnusskerne